En voz alta

¡Bienvenido, lector!

Este año leerás muchos cuentos maravillosos.

¿Te gusta leer sobre los animales? En este primer libro, conocerás a un sapito cariñoso y a un cerdito cómico con peluca. También aprenderás sobre mascotas de verdad y veterinarios.

Leyendo aprenderás muchas palabras nuevas.

¿Estás preparado?

¡Aquí vamos!

HOUGHTON MIFFLIN

Lectura

¡Aquí vamos!

Autores principales
Principal Authors
Dolores Beltrán
Gilbert G. García

Autores de consulta
Consulting Authors
J. David Cooper
John J. Pikulski
Sheila W. Valencia

Asesores
Consultants
Yanitzia Canetti
Claude N. Goldenberg
Concepción D. Guerra

HOUGHTON MIFFLIN
Lectura
Herencia y futuro

HOUGHTON MIFFLIN BOSTON

Front cover and title page photography by Tony Scarpetta.

Front and back cover illustrations by Nadine Westcott.

Acknowledgments begin on page 263.

Printed in the U.S.A.

ISBN-13: 978-0-618-85046-4
ISBN-10: 0-618-85046-5

2 3 4 5 6 7 8 9-VH-12 11 10 09 08 07 06

Contenido
Tema 1

Recursos adicionales

¡Adelante!
Libros de práctica

Popi
por Olga Duque

Misu
por Olga Duque

El sapo de Nina
por Kathryn Lewis

Libros del tema

Mi gato
por Isidro Sánchez
ilustrado por María Rius

Matías dibuja el sol
escrito e ilustrado por
Rocío Martínez

Una cesta de cumpleaños para Tía Abuela
por Pat Mora
ilustrado por Cecily Lang
autora premiada

Contenido
Tema 2

¡Sorpresa!

relato fantástico

ficción realista

relato fantástico

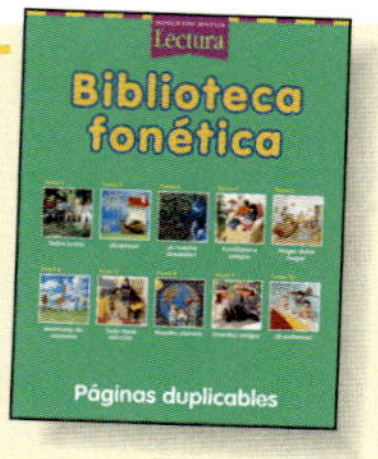

Recursos adicionales

¡Adelante! Libros de práctica

¿Cabe?
por Irma Singer

Mi animalito
por Maria Cara

¿Y Gotita?
por Oscar Gake

Libros del tema

El taxi de mi mamá
por Richard Jardine León
ilustrado por María Rius

Quiero escribir un cuento
por Mercè Arànega

Un gato muy poco gato
por Elena O'Callaghan i Duch
ilustrado por Àngels Comella

Internet

Para más información sobre buenos libros, visita Education Place.

www.eduplace.com/kids

Tema 1

Todos juntos

En voz alta

La amistad
es un tesoro
que vale más
que el oro.

refrán popular

Desarrollar conceptos

En voz alta

Amo a Memo

Palabras importantes

sí	mami
yo	papi
y	mima
amo	Memo

Mi papi me mima.

Estándares

Lectura

- Combinar sonidos para leer palabras
- Leer palabras comunes
- Responder a preguntas

Amo a mi mami y a mi papi.

¿Amo a Memo? ¡Sí, yo amo a Memo!

Conozcamos a la autora

Yanitzia Canetti

Conozcamos a la ilustradora

Rosario Valderrama

Amo a Memo

escrito por Yanitzia Canetti
ilustrado por Rosario Valderrama

Mami me ama.

Papi me ama.

Mami me mima.

Papi me mima.

¿Y Memo? ¿Me ama Memo?

¡Sí, Memo me ama! Amo a Memo.

Yo amo a Papi.
Amo a Mami.
Amo a Memo.

En voz alta

Piensa en el cuento

1. ¿Qué hacen los padres por el niño?

2. ¿Cómo sabes que el niño ama a Memo?

3. ¿Qué hace tu familia en casa por la noche?

Escribir

Escribe un rótulo

Dibuja a tu papi o a tu mami y rotula tu dibujo. Comparte tu dibujo.

Prepárate para leer

Desarrollar conceptos

En voz alta

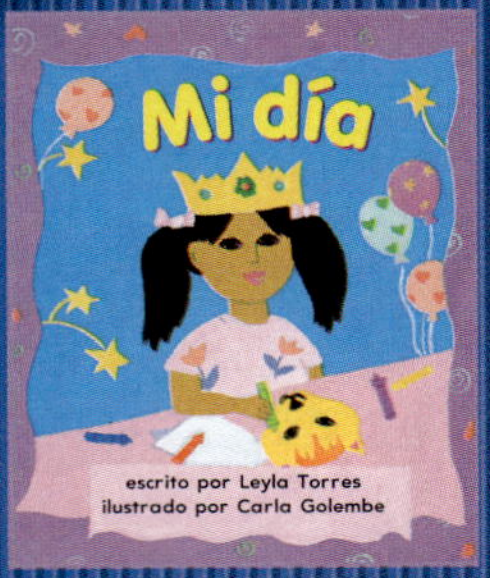

Mi día

Estándares

Lectura

- Combinar sonidos para leer palabras
- Leer palabras comunes
- Identificar secuencia

Palabras importantes

día
amigo
es
amo
Mimi
puma
Pipo

¡Sí, es mi día!

Amo a Mimi.

Amo a mi puma Pipo.
Pipo es mi amigo.

Conozcamos a la autora
Leyla Torres

Conozcamos a la ilustradora
Carla Golembe

Cuento 2

Mi día

escrito por Leyla Torres
ilustrado por Carla Golembe

¿Es mi mami?

¡Sí!
Amo a mi mami.
Mi mami me ama.

¿Es mi papi?

¡Sí!

Amo a mi papi.

Mi papi me ama.

¿Es Mimi?

¡Sí!

Amo a Mimi.

Mimi me ama.

¿Es Pipo?

¡Es Pipo!

Pipo es mi puma.

Pipo es mi amigo.

Amo a mi Pipo.

¡Es mi día!

¡Es mi día!
Yo amo a mi mami.
Amo a mi papi.

Amo a Mimi.
Amo a mi Pipo.

Reacción

En voz alta

Piensa en el cuento

1. ¿Qué día especial es?
2. ¿Por qué crees que la familia usaba máscaras?
3. ¿Te gustan las máscaras? ¿Por qué?

Escribir

Escribe un letrero

Haz un letrero para un día especial.

Conexión con la poesía

En voz alta

Mamita mía

Mamita amada,
encantadora,
yo soy el niño
que más te adora.

del poema por
Carmen G. Basurto

Papá

Papá, súbeme al árbol,
papá, hazme un barrilete,
papá, arregla mi muñeca,
papá, cuéntame un cuento...

del poema por Alma Flor Ada

Prepárate para leer

Desarrollar conceptos

En voz alta

¡Sopa!

Estándares

Lectura

- Combinar sonidos para leer palabras
- Leer palabras comunes
- Recontar ideas centrales

Palabras importantes

qué	se	Tato
la	Susi	pato
el	sapo	toma
de	sopa	tu
	osa	

El pato Pepe toma sopa.
La osa Susi toma sopa.

El sapo Tato se toma su sopa.
Toma tu sopa, Tato.

¿Qué es?
¡Es sopa de papa!

Conozcamos
a la autora

Aída Marcuse

Conozcamos
a la ilustradora

Carly Castillon

Cuento 3

¡Sopa!

escrito por Aída Marcuse
ilustrado por Carly Castillon

El pato Pepe se toma su sopa.
Mmmm... ¡Sopa de papa!

Pasa la osa Susi.

¿Qué es, Pepe?
¿Es sopa de papa?
Mmmm, sopa de papa.
Susi toma sopa.

Pasa el sapo Tato.

¿Qué es, Pepe?
¿Es sopa de papa?
Mmmm, sopa de papa.
Tato se toma su sopa.

¡Es el puma Papo!

Toma tu sopa, Papo.
¡Es sopa de papa!

¡Mmmm, sopa de papa!
Papo se toma su sopa.

¡Sopa! ¡Sopa de papa!

Papo toma sopa.
Susi toma sopa.

Tato toma sopa.
Pepe toma sopa.

¡Sopa de papa!
¡Mmmmm!

En voz alta

Piensa en el cuento

1. ¿Cómo sabes que a los amigos les gusta la sopa?
2. ¿Por qué crees que invitó a sus amigos a tomar sopa el pato Pepe?
3. ¿Qué harías tú si tuvieras una olla de sopa?

Escribir

Escribe un menú

Haz un menú de diferentes sopas. Escribe "Sopas" como título.

Prepárate para leer

Desarrollar conceptos

En voz alta

¡Suma!

Estándares

Lectura

- Combinar sonidos para leer palabras
- Leer palabras comunes
- Recontar ideas centrales

Palabras importantes

bien	suma	Tito
con	Sami	Pati

Sami suma.

¡Qué bien suma Sami!

Sami suma con Tito.

Tito suma con Sami y Pati.

Conozcamos al fotógrafo

Dave Bradley

Cuento 4

¡Suma!

escrito por Elena Alonso
fotografías de Dave Bradley

Sami suma.

¡Suma, Sami, suma!

Es la suma de Sami.
¡Qué bien suma Sami!

Pati suma.

¡Suma, Pati, suma!

Es la suma de Pati.
¡Qué bien suma Pati!

Tito suma.
¡Suma, Tito, suma!

Es la suma de Tito.

¡Qué bien suma Tito!

¿Suma Sami o Pati?
¿Suma Pati o Tito?
¿Suma Tito o Sami?

Sami suma con Pati.

¡Suma, Sami! ¡Suma, Pati!

Tito suma con Pati.

¡Suma, Tito! ¡Suma, Pati!

Sami suma con Tito.
¡Suma, Sami! ¡Suma, Tito!

Pati suma.

Sami suma.

Tito suma.

Es la suma de Sami, Pati y Tito.

En voz alta

Piensa en el cuento

1. ¿Qué hacen Pati, Sami y Tito en la clase?
2. ¿Crees que a Pati, Sami y Tito les gustan las matemáticas? ¿Por qué?
3. ¿Prefieres trabajar sólo o con otras personas? ¿Por qué?

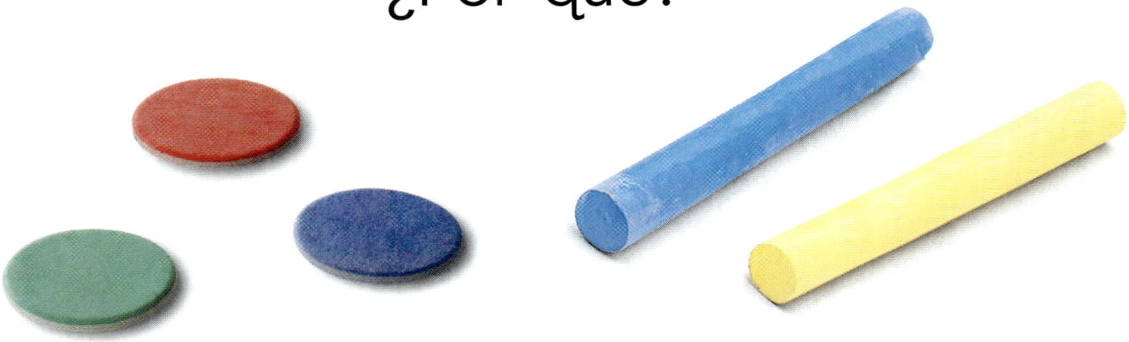

Escribir

Describe un personaje

Usa letras recortables para hacer el nombre de un personaje. Luego escribe una palabra que describa al personaje.

Conexión con la música

En voz alta

Llegó la hora de conocernos

Llegó la hora de conocernos
y el momento de saber
Que a tu lado hay un amigo
que te quiere conocer.
No te sientas tan solito,
acércate más.
Yo me llamo Elbita.
¿Cómo te llamas tú?

canción tradicional

Prepárate para leer

Desarrollar conceptos

En voz alta

Nico y Coco

Estándares

Lectura

- Combinar sonidos para leer palabras
- Leer palabras comunes
- Identificar secuencia

Palabras importantes

ayuda	camina	toca
pero	Coco	Nico
por	casa	nota
en	come	una
un	taco	

Nico camina por la casa
con Coco.
Nico ayuda a Coco.

Nico toca una nota, pero
Coco no la toca.

Nico come un taco en la mesa.
Coco no come en la mesa.

Conozcamos al autor

Carlos Ulloa

Conozcamos a la ilustradora

Luisa D'Augusta

Cuento 5

Nico y Coco

escrito por Carlos Ulloa
ilustrado por Luisa D'Augusta

Es Nico.

Es Coco.

Coco es un sapo.

Nico toca una nota.

¡Toca, Nico, toca!

Coco no toca ni una nota.
Coco no toca ni un poco.

Nico camina por su casa.

¿Y Coco?

Coco pasa por la casa.
Nico ayuda a Coco.

Nico toca una mata con la mano.

Coco no toca la mata con la mano.

Nico come en la mesa.
Nico se toma su sopa.
Toma sopa de papa.

Nico se come su taco.

Coco come con Nico,
pero no come en la mesa.
Coco es un sapo.

Coco no toma sopa.
Coco no toma sopa de papa.
Coco no come un taco.

Coco es un sapo, pero
Nico ama a Coco.
Y Coco ama a Nico.

En voz alta

Piensa en el cuento

1. ¿Por qué no come tacos Coco?

2. ¿Cómo trata Nico a Coco?

3. ¿Qué animal te gustaría tener como mascota? ¿Por qué?

Escribir

Escribe un nombre

Dibuja tu personaje preferido del cuento. Escribe el nombre del personaje.

Prepárate para leer

Desarrollar conceptos

En voz alta

Esa casita

Estándares

Lectura

- Combinar sonidos para leer palabras
- Leer palabras comunes
- Recontar ideas centrales

Palabras importantes

tiene	casita	pone
gusta	cuna	Ana
le	Cati	tina
	saca	

Ana tiene una casita.

A Ana le gusta esa casita.

Ana pone una cuna en su casita,
pero Cati la saca.

Ana pone una tina en su casita.
Cati ayuda a Ana.

Conozcamos a la autora
Adela Abboud

Conozcamos a la ilustradora
Martha Avilés

Cuento 6

Esa casita

escrito por Adela Abboud
ilustrado por Martha Avilés

Capítulo 1

Ana tiene una casita.

A Ana le gusta su casita.

Ana pone una mesa en su casita.

Cati pasa por esa casita.
Cati saca la mesa de esa casita.

¡No, Cati, no!
A Ana no le gusta así.
Ana toma la mesa.

Ana pone una cama en su casita.

Cati saca la cama.

¡No, Cati, no!
A Ana no le gusta así.
Ana toma la cama.

Capítulo 2

Ana pone una cuna en su casita, pero Cati no la saca. Cati ayuda a Ana.

¡Sí, Cati!
A Ana le gusta así.
A Cati le gusta así.

Ana pone una tina en su casita.

Cati no saca la tina.

Cati ayuda a Ana.

¡Sí, Cati!
A Ana le gusta así.
A Cati le gusta así.

Ana tiene una casita.
Cati tiene una casita.

Reacción

En voz alta

Piensa en el cuento

1. ¿Por qué no estaba contenta Ana?

2. ¿Por qué ayudó Cati a Ana?

3. ¿Te gustaría tener una amiga como Cati? ¿Por qué?

Escribir

Haz un cartel

¿Cuáles son los muebles en la casa de Ana? Haz un dibujo y rotúlalo.

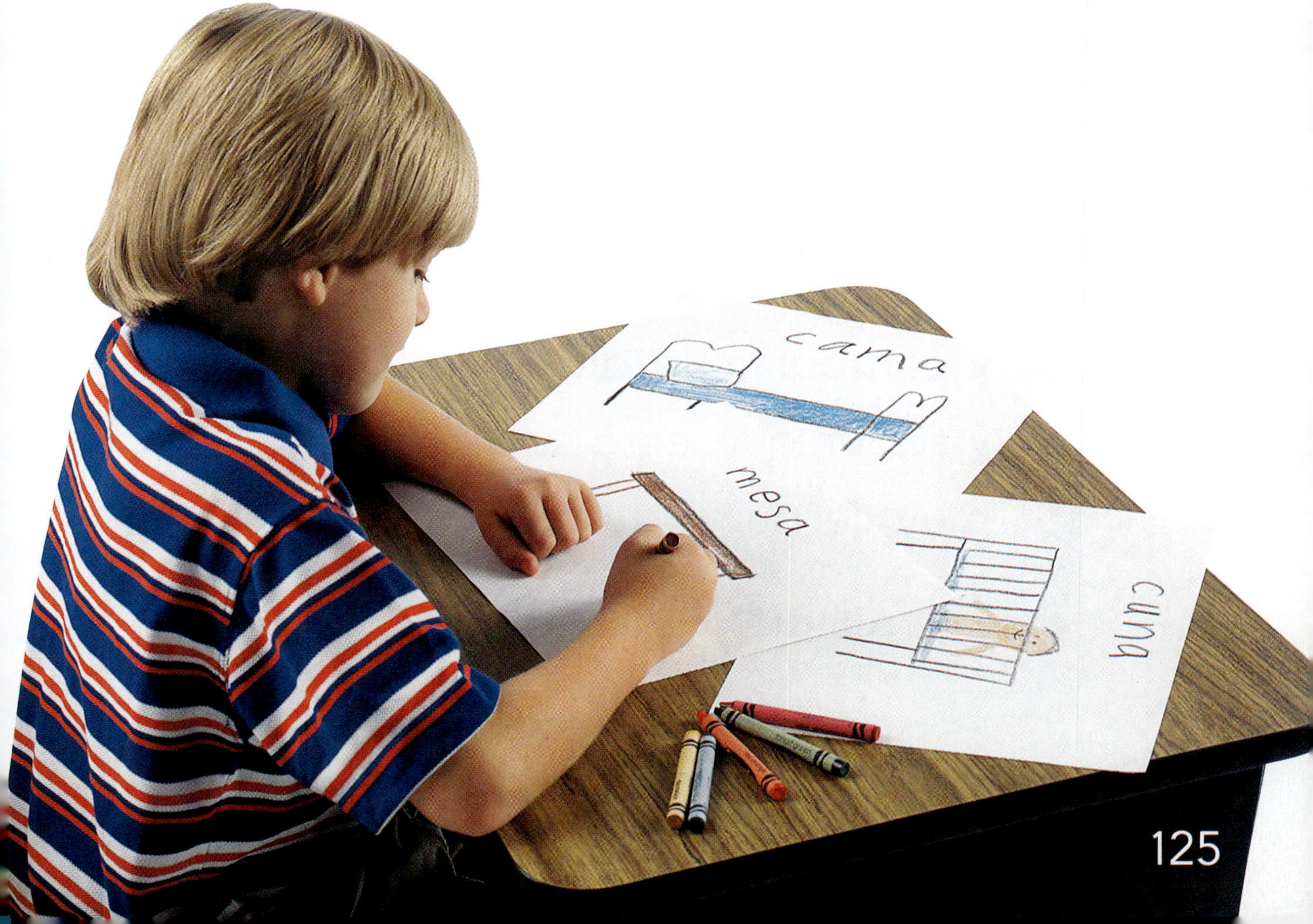

Conexión con la poesía

En voz alta

Buenos vecinos

Qué bueno es tener vecinos
que nos puedan ayudar
y que sean buenos amigos
para hablar, para jugar.
Para contarles las penas
y compartir la alegría
y saber que está su casa
muy cerquita de la mía.

por Alma Flor Ada

¡Sorpresa!

En voz alta

Este lento y perezoso
emperador de las
huertas,
aunque va de un
lado a otro,
siempre en su casa
se encuentra.

tradición oral

Prepárate para leer

Desarrollar conceptos

En voz alta

El tapete

Estándares

Lectura

Combinar sonidos para leer palabras

Leer palabras comunes

Responder a preguntas

Palabras importantes

sienta	bonito
debajo	la
del	sala
Felo	sale
Felino	

Felo Felino se sienta.
Felo Felino es bonito.

Felo Felino no se sienta debajo del tapete. Se sienta en el tapete.

¡Felo Felino sale de la sala!

Conozcamos a la autora e ilustradora

Nadine Bernard Westcott

Cuento 1

El tapete

por Nadine Bernard Westcott

Felo Felino se sienta en el tapete bonito.

—¡En la sala no, Felo!

Felo Felino sale de la sala.

Lola la  se sienta en el tapete.

vaca

Fito el  se mete y se sienta con Lola.

chivo

Bebo el  se sienta con Lola y Fito.

perro

Felo se sube y se sienta con Fito,
Lola y Bebo.

Fefa se mete en la sala.

—Felo, Lola, Bebo, Fito, ¡en la sala NO!

Lola sale. Bebo sale. Fito sale.

¿Y Felo Felino?
¡Felo Felino se mete debajo del tapete!

En voz alta

Piensa en el cuento

1. ¿Por qué crees que los animales se sentaban sobre el tapete?

2. ¿Por qué corrieron los animales cuando llegó Fefa?

3. ¿Te gustaría tener animales en tu casa? ¿Por qué?

Escribir

Escribe un anuncio

Haz un letrero para que los animales se queden fuera de la casa.

Preparáte para leer

Desarrollar conceptos

En voz alta

Una peluca bonita

Estándares

Lectura

Combinar sonidos para leer palabras

Leer palabras comunes

Responder a preguntas

Palabras importantes

dos
tres
cuatro
cinco
peluca
elote
pelo
liso
canela
bonita
búfalo

Es una cosa bonita.

Tato el búfalo toma la peluca dos. Es una peluca de pelo liso.

Minina toma la peluca tres. Es una peluca bonita.

Alina toma la peluca cuatro. Es una peluca de elote.

Paco toma la peluca cinco. ¿Es una peluca de canela?

Conozcamos a la autora e ilustradora

Valeria Petrone

Cuento 2

Una peluca bonita

por Valeria Petrone

¡Mete la pelota, Toto!
¡Sácate una cosa bonita!

Toto usa el bate y la pelota.
¡Y anota!

¿Se saca Toto una cosa bonita?

¡Sí! ¡Se saca una peluca bonita!

Toto saca una por una:
¡una, dos, tres, cuatro y cinco!

Toto se pone la peluca uno.
¿Es una peluca de elote?

Nina se pone la peluca dos.
¿Es una peluca de tomate?

Momo se pone la peluca tres.
¿Es una peluca de canela?

Minina se pone la peluca cuatro.
¡Es una peluca fabulosa!

Tato el búfalo se pone la peluca cinco.
Es una peluca de pelo liso.

¡Qué bien! ¡Una peluca por animalito!

Piensa en el cuento

1. ¿Cómo se ganó Toto las pelucas?

2. ¿Por qué estaban los animales tan contentos al final del cuento?

3. ¿Qué harías tú con una caja llena de pelucas?

Escribir

Describe un personaje

Utiliza letras separables para escribir el nombre de tu personaje favorito. Luego escribe algunas palabras que hablen acerca del personaje.

Conexión con la poesía

En voz alta

Aquí está

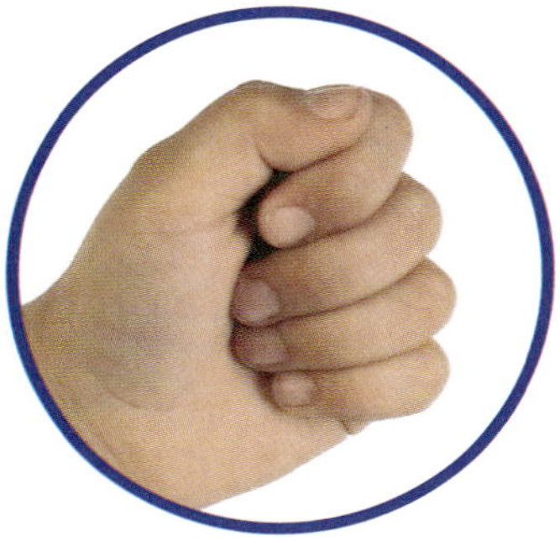

Aquí está la colmena.
¿Dónde están las
abejitas?

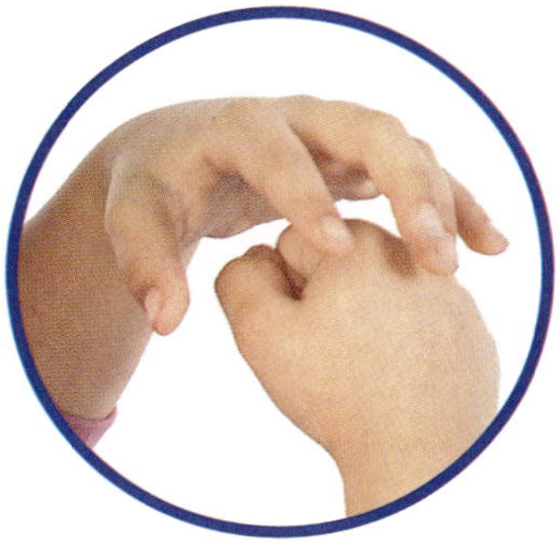

Donde nadie las vea,
muy escondiditas.

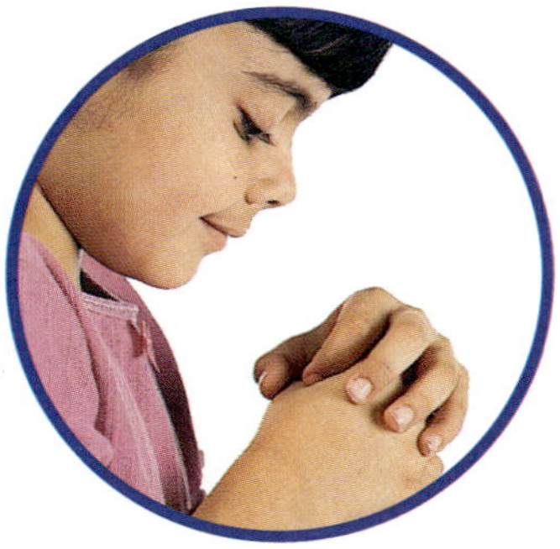

Ya pronto saldrán;
¡van a dar un brinco!

la colmena

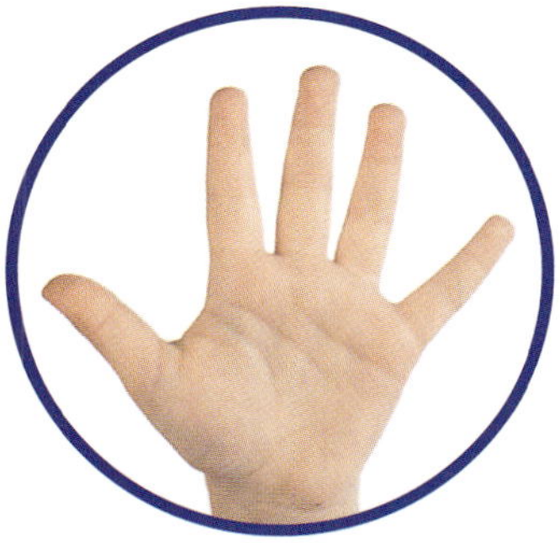

Aquí están:
una, dos, tres,
cuatro, cinco.

Zzzz... ¿qué está
pasando?
¡Todas se fueron
volando!

Prepárate para leer

Desarrollar conceptos

En voz alta

¿Qué le pasa a mi animalito?

Estándares

Lectura

Combinar sonidos para leer palabras

Leer palabras comunes

Usar contexto para comprender

Palabras importantes

que	corre
está	ocurre
hoy	rato
otro	rota
al	

Hoy mi animalito está malito.
No sé qué le ocurre.

No corre, sino camina.
Tiene la patita rota.

Al rato está bien, pero sé que
otro animalito está malito.
¡Qué pena!

Conozcamos al autor

Gare Thompson

Conozcamos a la ilustradora

Anne Kennedy

Cuento 3

¿Qué le pasa a mi animalito?

escrito por Gare Thompson
ilustrado por Anne Kennedy

Capítulo 1

¿Qué le pasa a mi animalito?

Papá no sabe lo que le ocurre.

Rosa sí sabe.
Rosa socorre a Misu.

Misu no teme.
Sabe que lo amo.

Rosa mete a Misu en la tina.
Misu mete su patita rota.

Rosa lo arropa y lo mima.

¡La pata de Misu está sana!
Misu está bien.

Capítulo 2

Hoy Canelo está malito.

¿Qué le pasa a Canelo?

Canelo no come, ni camina, ni corre.

¡Ése es el carro de Rino!

Rino sabe que Canelo está malito.
Por eso lo socorre en un ratito.

Canelo se pone sano.
Yo le paso la mano.

Al rato, el amigo Rino
recorre otro camino.

En voz alta

Piensa en el cuento

1. ¿Qué hacen Rosa y Rino en este cuento?

2. ¿Cómo sabes que los niños del cuento cuidan a sus mascotas?

3. ¿Te gustaría trabajar con animales? ¿Por qué?

Escribir

Escribe una descripción

Haz un dibujo de una mascota.
Escribe algo acerca de tu dibujo.

Prepárate para leer

Desarrollar conceptos

En voz alta

La sopa de Rita Rabita

Estándares

Lectura

Combinar sonidos para leer palabras

Leer palabras comunes

Usar contexto para comprender

Palabras importantes

tengo
más
mejor
roca
rica
Rina
Rita
repite
corre
susurra
ocurre

—Tengo sopa de roca. ¡Qué rica es mi sopa de roca!

—Mi sopa es la mejor. Es más rica que la sopa de papa —repite Rina.

Rita corre y susurra: —¿Sopa de roca? ¿Cómo se te ocurre, Rina?

Conozcamos al autor e ilustrador

Satoshi Kitamura

Cuento 4

LA SOPA DE RITA RABITA

por

SATOSHI KITAMURA

—¿Qué como hoy, qué como hoy? —se repite Rita Rabita.

—No tengo ni papa ni nabo.
Y no me gusta la sopa de roca.

Rita le pone un palito a la sopa.
Le pone otro palito, y otro.

—Mi sopa no sabe a sopa. Con Rina Ramona sabe más rica —susurra Rita.

—Rina Ramona, mi sopa no sabe rica. Métete en mi sopa.

—No, no me meto en tu sopa,
Rita, ni me meto en tu boca.

Por la colina camina Rolo Marrano.

Rolo Marrano se arrima.
—¿Sabe rica tu sopa, Rita?

—No, Rolo Marrano, mi sopa no sabe rica. Métete en mi sopa.

—Ni por un ratito, Rita. En la sopa yo no meto ni la colita.

Por la colina corre Beto Búfalo.

Beto Búfalo se arrima.
—¿Sabe rica tu sopa, Rita Rabita?

—No, Beto Búfalo, mi sopa no sabe rica. Métete en mi sopa.

—¿En la sopa? ¿Cómo, Rita?
En la sopa no cabe ni mi patita.

—¡Pero Rita sí cabe en la sopa!
¡A ti te toca!

—No, no, ¡socorro! ¡Mejor sopa de roca que sopa de Rita!

Al rato, Rita Rabita se repuso.

Y ese día Rita tomó sopa de roca con Beto, Rolo y Rina.

Reacción

En voz alta

Piensa en el cuento

1. ¿Por qué no quisieron meterse a la sopa los animales?

2. ¿Qué más puede haber usado Rita para hacer su sopa?

3. ¿Te gustaría probar una sopa de roca? ¿Por qué?

Escribir

Escribe un letrero

Haz un letrero con las palabras *Rica sopa de* ______ . Añade una palabra para completarlo.

Conexión con la poesía

En voz alta

El chocolate

Uno, dos, tres, CHO,
uno, dos, tres, CO,
uno, dos, tres, LA,
uno, dos, tres, TE...

chocolate, chocolate,
bate, bate el chocolate.

verso tradicional

Prepárate para leer

Desarrollar conceptos

En voz alta

La casa de Tita

Estándares

Lectura

Combinar sonidos para leer palabras

Leer palabras comunes

Usar contexto para comprender

Palabras importantes

grande	ve
esta	vaso
garrapata	diminuta
vive	dale

¿Qué vive en esta casa?
No es una casa grande.
Es diminuta.

Tita la garrapata mete un tapete en su casa.
Tiene una garrafa, pero no tiene un vaso.

Tita ve una bonita camita.
¡Dale, Tita, dale!

Conozcamos al autor e ilustrador
Bernard Adnet

Cuento 5

La casa de Tita

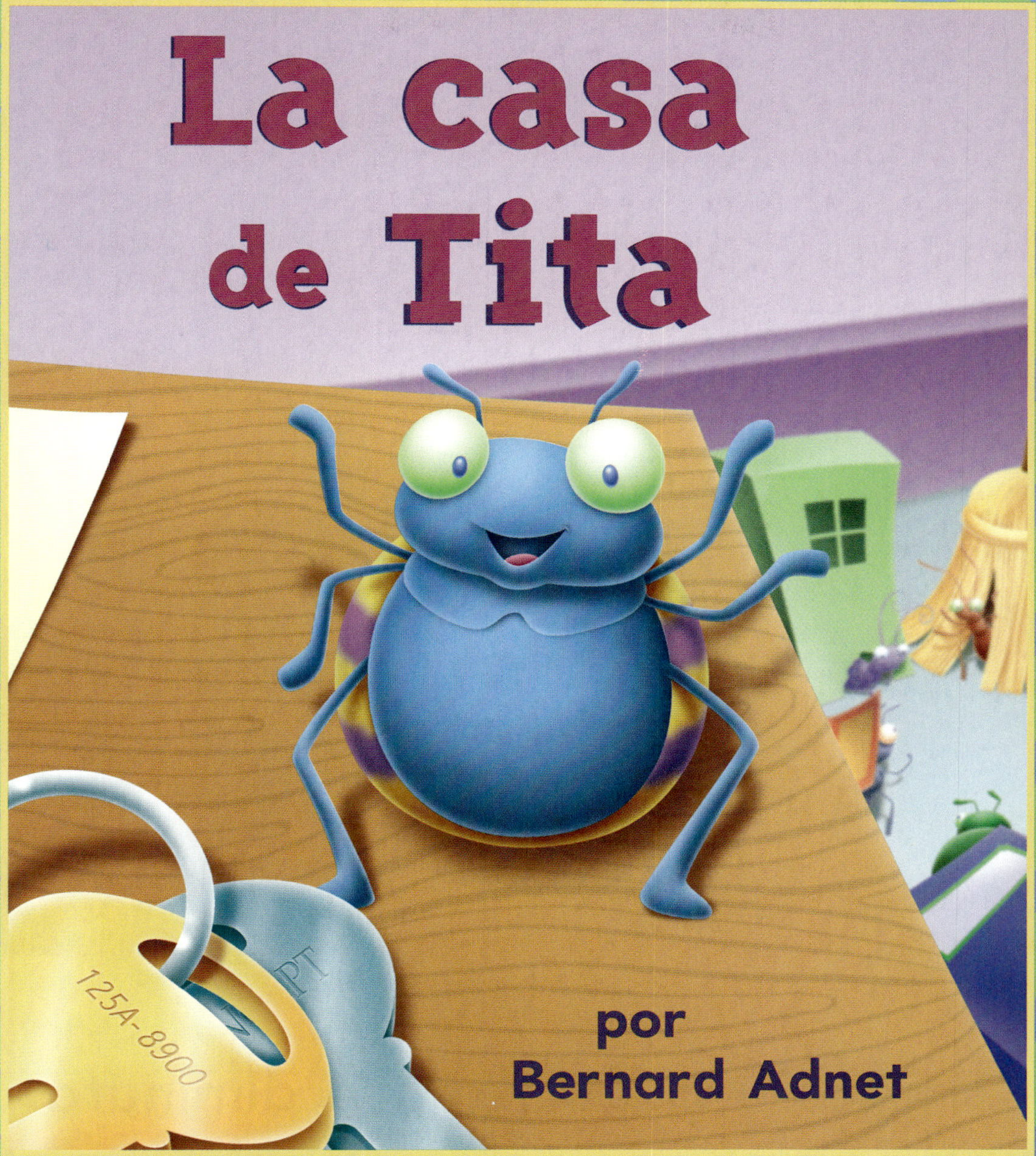

por
Bernard Adnet

Tita es una garrapata diminuta.
Tita no tiene una casita.

¿Usa una tapa como casa?
Una tapa no es una casa grande.

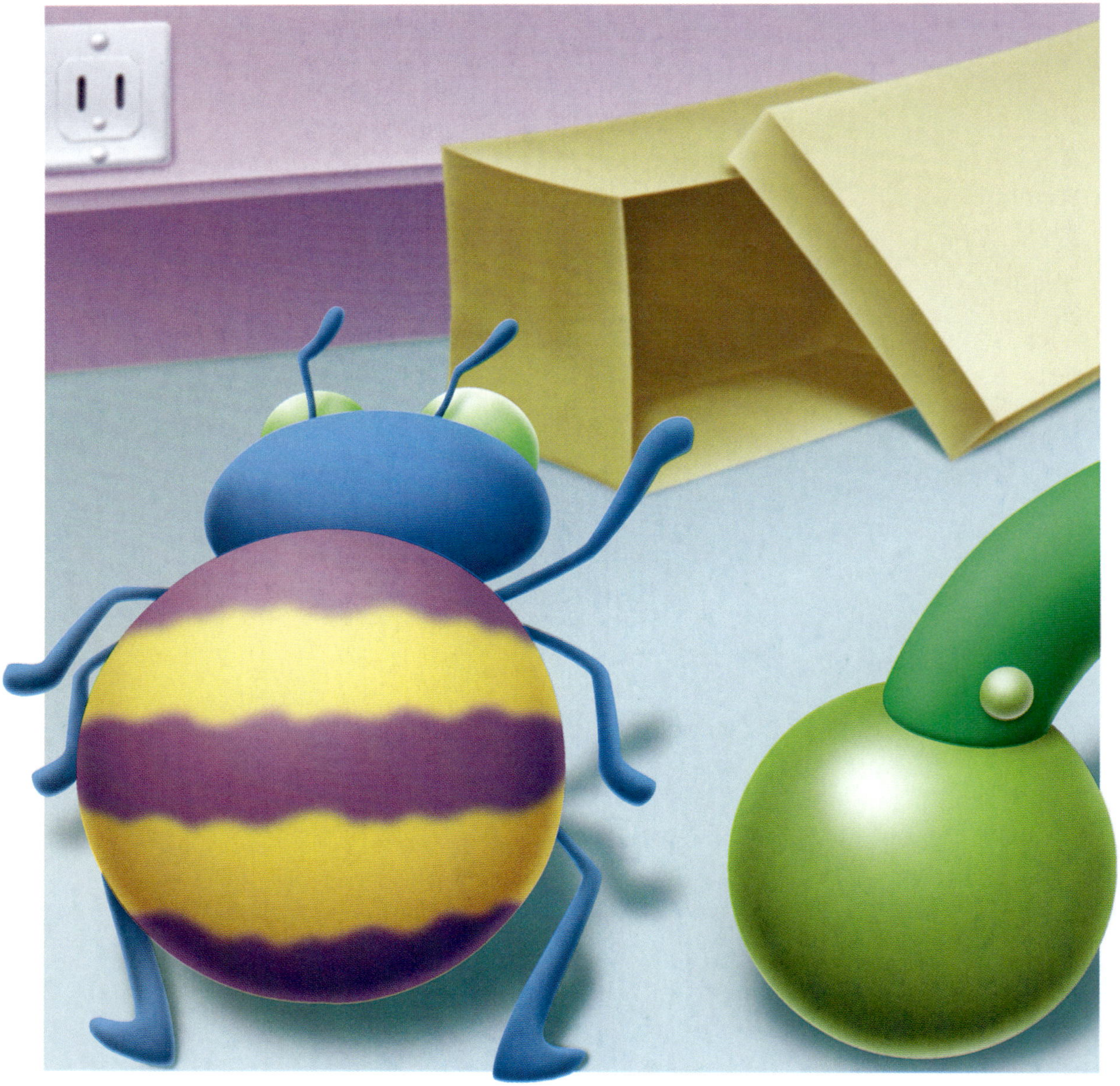

Tita ve una cosa en el piso.
¡Ésa sí es una casa grande!

Tita mete una camita en su casa.

Tita arropa su camita.
Tita la pone bonita.

Tita mete un vaso en su casa.

Tita no se pasa.
Sólo le pone una gota.

Tita mete un tapete en su casa.

¡Ese tapete se ve fabuloso!

Tita mete cosa por cosa en su casa.
Todo pasa y todo cabe.

Tita come golosina de una tapita.
¡Qué golosa es Tita!

Tita lo acomoda todo.
¿Cabe Tita en esta casa?

¡Tita casi no cabe!
¡Dale, Tita, dale!

¡Qué cómoda vive Tita
en su bonita casita!

En voz alta

Piensa en el cuento

1. ¿Crees que Tita era una garrapata inteligente? ¿Por qué?

2. ¿Qué más podría meter Tita en su casa?

3. ¿Será Tita feliz en su nueva casa? ¿Por qué?

Escribir

Escribe una lista

Haz una lista de las cosas que Tita metió en su casa. Añade otras que podría meter.

Prepárate para leer

Desarrollar conceptos

En voz alta

El reto

Estándares

Lectura

Combinar sonidos para leer palabras

Leer palabras comunes

Estructura de un cuento

Palabras importantes

otra	amigo
fue	ve
Gupa	vale
Gafoto	de
soga	dame
gané	nada
agota	

Gatito ve a Gupa y la saluda.
—Gupa, mi amigo Gafoto fue a tu casa por tu soga.

—De eso, nada. Ésa es mi soga.
Dame la soga, Gatito.

—¡Gané, gané! —repite Gupa.
—Vale. Toma tu soga, Gupa.
Yo tomo otra. Eso me agota.

Conozcamos a la autora **Veronica Freeman Ellis**

Conozcamos a la artista **Mary Lynn Carson**

Conozcamos al fotógrafo **Richard Haynes**

El reto

escrito por Veronica Freeman Ellis • arte por Mary Lynn Carson

fotografías de Richard Haynes

Galina

Gafoto

Goloso

Gupa

 En esa casa vive Gafoto
y su amigo Goloso.

 La ratita Gupa ve
a Gafoto y Goloso.

 ¿Paso a la casa?

No, ratita Gupa, vete.
En esa casa no cabe ni
uno más.

 ¡No! Yo te saco a ti de esa casa, Goloso. Y a ti, Gafoto.

 A mí no me saca una ratita diminuta como tú.

 ¡Ni a mí!

Y a mí, ni un animalote como
tú me saca de mi camino.
¡Ni con una soga!

Dame una soga. Te saco
en un minuto.
¿No es así, Gafoto?

 Gupa fue por una soga.

 **Gupa la amarra de una rama a otra.**

Grande uno y grande el otro.
¡Y ni se nota!

¡Dale, Gafoto!
¡Dale, Goloso! Yo no me agoto. Yo sólo reposo.

¡Gupa me ganó!
¡No se vale!

¡Sí, Gupa fue la mejor!
¡Pero no se vale!

 Gupa gana el reto.

 ¡Yo gané! ¡Sí se vale!
¡Yo no le temo a nada!

Reacción

En voz alta

Piensa en el cuento

1. ¿Por qué Goloso y Gafoto le dejaron la casa a Gupa?
2. ¿Cómo les ganó Gupa a Goloso y Gafoto?
3. ¿De qué otra manera podría Gupa sacar a Goloso y Gafoto?

Escribir

Escribe una descripción

Dibuja tu parte favorita de esta obra de teatro. Escribe algunas palabras que hablen acerca de tu dibujo.

Conexión con la poesía

En voz alta

Pobrecito elefantito

Un elefante se balanceaba
    sobre la tela de una araña...
Pero la tela se rompió
    y el grandote se cayó.
¡Ahora llora el pobrecito
    si no le dan un platanito!

por Olga Duque

Listas de palabras

Amo a Memo

PALABRAS DESCIFRABLES

Destrezas clave:

***m, p* + vocal**
ama, amo, mami, me, Memo, mima, papi

Palabras con destrezas enseñadas previamente:
a, y

PALABRAS DE USO FRECUENTE

Nuevas
sí, yo

Mi día

PALABRAS DESCIFRABLES

Destrezas clave:

***m, p* + vocal**
ama, amo, mami, me, mi, Mimi, papi, Pipo, puma

Palabras con destrezas enseñadas previamente:
a

PALABRAS DE USO FRECUENTE

Nuevas
amigo, día, es

Enseñadas previamente
sí, yo

¡Sopa!

PALABRAS DESCIFRABLES

Destrezas clave:

***s, t* + vocal**
osa, pasa, pato, sapo, se, sopa, su, Susi, Tato, toma, tu

Palabras con destrezas enseñadas previamente:
mmm, papa, Papo, Pepe, puma

DESTREZAS UTILIZADAS EN LAS PALABRAS DEL CUENTO: *o, m, p* + vocal

¡Sopa! continuación

PALABRAS DE USO FRECUENTE

Nuevas
de, el, la, qué

Enseñadas previamente
es

¡Suma!

PALABRAS DESCIFRABLES

Destrezas clave:
***s, t* + vocal**
Pati, Sami, Suma, Tito

Palabras con destrezas enseñadas previamente:
o, y

DESTREZAS UTILIZADAS EN LAS PALABRAS DEL CUENTO *m, p* + vocal

PALABRAS DE USO FRECUENTE

Nuevas
bien, con

Enseñadas previamente
de, es, la, qué

Nico y Coco

PALABRAS DESCIFRABLES

Destrezas clave:
***c, n* + vocal**
camina, casa, Coco, come, mano, ni, Nico, no, nota, poco, taco, toca, una

Palabras con destrezas enseñadas previamente:
a, ama, mata, mesa, papa, pasa, sapo, se, sopa, su, toma, y

DESTREZAS UTILIZADAS EN LAS PALABRAS DEL CUENTO: *m, p, s, t* + vocal

PALABRAS DE USO FRECUENTE

Nuevas
ayuda, en, pero, por, un

Enseñadas previamente
con, de, la, es

Esa casita

PALABRAS DESCIFRABLES

Destrezas clave:

***c, n* + vocal**

Ana, cama, casita, Cati, cuna, no, pone, saca, tina, una

Palabras con destrezas enseñadas previamente:

a, así, esa, mesa, pasa, sí, su, toma

DESTREZAS UTILIZADAS EN LAS PALABRAS DEL CUENTO: *m, p, s, t* + vocal

PALABRAS DE USO FRECUENTE

Nuevas

gusta, le, tiene

Enseñadas previamente

ayuda, de, en, la, pero, por

PALABRA DIFÍCIL

Capítulo

El tapete

PALABRAS DESCIFRABLES

Destrezas clave:

***b, l, f* + vocal**

Bebo, bonito, Fefa, Felino, Felo, Fito, la, Lola, sala, sale, sube

Palabras con destrezas enseñadas previamente:

mete, no, se, tapete, y

DESTREZAS UTILIZADAS EN LAS PALABRAS DEL CUENTO: *m, p, s, t, n* + vocal

PALABRAS DE USO FRECUENTE

Nuevas

debajo, del, sienta

Enseñadas previamente

con, de, en, el

OTRAS PALABRAS: REBUS

chivo, perro, vaca

Una peluca bonita

PALABRAS DESCIFRABLES

Destrezas clave:

***b, l, f* + vocal**

animalito, bate, bonita, búfalo, canela, elote, fabulosa, la, liso, pelo, pelota, peluca

Palabras con destrezas enseñadas previamente:

anota, cosa, mete, Minina, Momo, Nina, pone, saca, sácate, se, sí, Tato, tomate, Toto, una, uno, usa, y

DESTREZAS UTILIZADAS EN LAS PALABRAS DEL CUENTO: *m, p, s, t* + vocal; *ca, co; n* + vocal

PALABRAS DE USO FRECUENTE

Nuevas

cinco, cuatro, dos, tres

Enseñadas previamente

bien, de, el, es, por, qué

¿Qué le pasa a mi animalito?

PALABRAS DESCIFRABLES

Destrezas clave:

***r, rr* + vocal**

arropa, carro, corre, ocurre, ratito, rato, recorre, Rino, Rosa, rota, socorre

Palabras con destrezas enseñadas previamente:

1, 2, a, amo, animalito, camina, camino, Canelo, capítulo, come, ése, eso, la, le, lo, malito, mano, mete, mi, mima, Misu, ni, no, Papá, pasa, paso, pata, patita, pone, sabe, sana, sano, se, sí, su, teme, tina, y

DESTREZAS UTILIZADAS EN LAS PALABRAS DEL CUENTO: *m, p, s, t* + vocal; *ca, co, cu; n, b, l* + vocal

PALABRAS DE USO FRECUENTE

Nuevas

al, está, hoy, otro, que

Enseñadas previamente

amigo, bien, de, el, en, es, por, qué, un, yo

La sopa de Rita Rabita

PALABRAS DESCIFRABLES

Destrezas clave:

***r, rr* + vocal**

arrima, corre, Marrano, Rabita, Ramona, ratito, rato, repite, repuso, rica, Rina, Rita, roca, Rolo, socorro, susurra

Palabras con destrezas enseñadas previamente:

a, Beto, boca, Búfalo, cabe, camina, colina, colita, como, cómo, ese, la, le, me, métete, meto, mi, nabo, ni, no, palito, papa, patita, pone, sabe, se, sí, sopa, te, ti, toca, tomó, tu, y

DESTREZAS UTILIZADAS EN LAS PALABRAS DEL CUENTO: *m, p, s, t* + vocal; *ca, co; n, b, l, f* + vocal

PALABRAS DE USO FRECUENTE

Nuevas

más, mejor, tengo

Enseñadas previamente

al, con, de, día, en, gusta, hoy, otro, pero, por, que, qué, un, yo

La casa de Tita

PALABRAS DESCIFRABLES

Destrezas clave:

***ga, go, gu; d, y, v* + vocal**

acomoda, cómoda, dale, de, diminuta, garrapata, golosa, golosina, gota, todo, vaso, ve, vive

Palabras con destrezas enseñadas previamente:

arropa, bonita, cabe, camita, casa, casi, casita, come, como, cosa, esa, ese, eso, fabuloso, la, le, lo, mete, no, pasa, piso, pone, se, sí, sólo, su, tapa, tapete, tapita, Tita, una, usa, y

Destrezas utilizadas en las palabras del cuento: *m, p, s, t* + vocal; *ca, co; n, b, l, f, rr* + vocal

PALABRAS DE USO FRECUENTE

Nuevas

esta, grande

Enseñadas previamente

el, en, es, por, qué, tiene, un

El reto

PALABRAS DESCIFRABLES

Destrezas clave:

***ga, go, gu; d, y, v* + vocal**

agoto, amigo, dale, dame, de, diminuta, Gafoto, Galina, gana, gané, ganó, Goloso, Gupa, nada, soga, vale, ve, vete, vive

Palabras con destrezas enseñadas previamente:

a, amarra, animalote, así, cabe, camino, casa, como, esa, la, le, me, mi, mí, minuto, ni, no, nota, paso, rama, ratita, repite, reposo, reto, saca, saco, se, sí, sólo, su, te, temo, ti, tú, una, uno, y

DESTREZAS UTILIZADAS EN LAS PALABRAS DEL CUENTO: *m, p, s, t* + vocal; *ca, co; n, b, l, f, r, rr* + vocal

PALABRAS DE USO FRECUENTE

Nuevas

fue, otra

Enseñadas previamente

con, el, en, es, grande, más, mejor, otro, pero, por, un, yo

PALABRAS DE USO FRECUENTE ENSEÑADAS HASTA AHORA

al	en	otro
amigo	es	pero
ayuda	esta	por
bien	está	que
cinco	fue	qué
con	grande	sí
cuatro	gusta	sienta
de	hoy	tengo
debajo	la	tiene
del	le	tres
día	más	un
dos	mejor	yo
el	otra	

Destrezas de descifrar utilizadas hasta ahora: *m, p, s, t* + vocal; *ca, co, cu; n, b, l, f, r, rr* + vocal; *ga, go, gu; d, y, v* + vocal

Acknowledgments

For each of the selections listed below, grateful acknowledgment is made for permission to excerpt and/or reprint original or copyrighted material, as follows:

Poetry

"Buenos vecinos" from *Días y días de poesía: Developing Literacy Through Poetry and Folklore*, by Alma Flor Ada. Copyright © 1991 by Hampton-Brown Books. Reprinted by permission of Hampton-Brown Books.

"Mamita mía" from *Teatro infantil*, by Carmen G. Basurto. Copyright © 1981 by Editorial Avante, S.A. Reprinted by permission of Editorial Avante, S.A.

"Papá" from *Días y días de poesía: Developing Literacy Through Poetry and Folklore*, by Alma Flor Ada. Copyright © 1991 by Hampton-Brown Books. Reprinted by permission of Hampton-Brown Books.

Credits

Photography

3 (t) © 2002 PhotoDisc, Inc.. **7** (t) © 2002 PhotoDisc, Inc.. **12** (icon) © 2002 PhotoDisc, Inc.. **12–13** Jo Browne/Mick Samee/Getty Images. **16** (t) Courtesy of Yanitzia Canetti. (b) Courtesy Rosario Valderrama. **30** (t) Courtesy Leyla Torres. (b) Courtesy Carla Golembe. **50** (t) Courtesy Aída Marcuse. (b) Courtesy Carly Castillon **68** Courtesy Dave Bradley. **84–5** Telegraph Colour Library/Getty Images. **88** (t) Courtesly Carlos Ulloa. (b) Courtesy Luisa D'Augusta. **104-105** © 2002 PhotoDisc, Inc.. **108** (t) Courtesy Adela Abboud. (b) Courtesy Martha Aviles. **128** (icon) © 2002 PhotoDisc, Inc.. **128–9** Mauritius/Nawrocki Stock Photo Inc.. **132** Courtesy NB Westcott. **146** Artville. **150** Courtesy Valeria Petrone. **170** (t) Kindra Clineff. (b) Courtesy Anne Kennedy. **186** © 2002 PhotoDisc, Inc.. **190** Courtesy Farrar, Straus and Giroux. **210** © 2002 PhotoDisc, Inc.. **216** Courtesy Bernard Adnet. **236** (t) Jesse Nemerofksy/Mercury Pictures.

Assignment Photography

27, 45, 64–5, 66–81, 82–83, 105, 124–5, 146–7, 164–5, 166–7, 187, 211, 232–3, 253 Dave Bradley. **234–235, 236 (m & b), 237–252** Richard Haynes.

Illustration

14–25 Rosario Valderamma. **28–43** Carla Golembe. **46–47** Jui Ishida. **48–63** Carly Castillion. **86–103** Luisa D'Augusta. **106–123** Martha Avilés. **126–127** Holly Berry. **130–145** Nadine Wescott. **148–163** Valerie Petrone. **166–167** Tammy Smith. **168–185** Anne Kennedy. **188–209** Satoshi Kitamura. **212–213** Matt Novak. **214–231** Bernard Adnet. **234–252** Mary Lynn Carson. **254–255** Keiko Motoyama.